1001 CAMINOS HACIA LA FELICIDAD

Grupo Editorial Tomo, S.A. de C.V.
Nicolás San Juan 1043,
03100, México, D.F.

Con agradecimiento especial a Anne Moreland

1a. edición, noviembre 2013.

1001 Ways To Happiness
Copyright © 2013 Arcturus Publishing Limited
26/27 Bickels Yard, 151-153 Bermondsey Street,
London SE1 3HA

© 2013, Grupo Editorial Tomo, S.A. de C.V.
Nicolás San Juan 1043, Col. Del Valle
03100 México, D.F.
Tels. 5575-6615, 5575-8701 y 5575-0186
Fax. 5575-6695
http://www.grupotomo.com.mx
ISBN-13: 978-607-415-586-0
Miembro de la Cámara Nacional
de la Industria Editorial No. 2961

Traducción: Ivonne Saíd Marínez
Diseño de portada: Karla Silva
Formación Tipográfica: Bertha Gómez
Supervisor de producción: Leonardo Figueroa

Este libro se publicó conforme al contrato establecido entre *Arcturus Publishing Limited* y *Grupo Editorial Tomo, S.A. de C.V.*

Impreso en México - *Printed in Mexico*

Contenido

Introducción

Desde la antigüedad, teólogos, filósofos, escritores y artistas han reflexionado cómo lograr el estado equilibrado de felicidad y alegría que todos, como seres humanos, buscamos conseguir. En esta guía, incluimos algunos de los caminos que ellos han sugerido y agregamos los pensamientos de muchos desconocidos que, sin embargo, han contribuido a incrementar nuestro conocimiento sobre este tema esencial. Algunas de las citas son serias, otras alegres, algunas profundas, y muchas divertidas. En conjunto, las gemas de la sabiduría que encontrarás en estas páginas conforman una guía hacia la meta humana más contradictoria y esquiva, la felicidad.

¿Qué es la felicidad?

¿Cómo definimos la felicidad?
¿Es el mismo estado para todos,
o varía de cultura a cultura, y
de individuo a individuo?

10

No busques la aceptación de los demás, acéptate y encontrarás la felicidad.

Cuando una puerta se cierra, otra se abre.

El sendero a la felicidad está lleno de sueños, nada más no olvides admirar la belleza del paisaje durante la travesía.

Crea tu felicidad, depende de ti.

No desperdicies la vida mirando hacia atrás. Recuerda los buenos instantes, pero ve hacia delante en busca de nuevos momentos.

Si haces feliz a otra persona, tú eres feliz.

Carpe diem,
aprovecha el momento.

Hay gente feliz en circunstancias difíciles, y personas tristes aun con vidas cómodas.

No esperes respuestas, mejor busca la pregunta.

Demuestra curiosidad por conocer el mundo que te rodea, y procura aprender todo lo que puedas.

Si estás triste, no lo ocultes, exprésalo y dale vuelta a la página.

El amor convierte la tristeza en alegría.

Saber que la gente te quiere por ti, por lo que eres, es suficiente para ser feliz.

Los seres humanos nos adaptamos rápido al placer, lo que significa que tendemos a no valorar las cosas comunes y corrientes.

La soledad puede brindar felicidad.

Si te da miedo perder la felicidad, significa que tienes una felicidad que perder.

Deshazte de la tristeza, no permitas que se convierta en zona de confort.

Es mejor viajar que llegar.

Felicidad es encontrarte con un viejo amigo al que hacía años que no veías y retomar las cosas donde se quedaron.

A veces, la felicidad es gratis; otras, tiene un costo.

Todos tenemos ideas diferentes de lo que es la felicidad. Sigue tu propio camino, no el de otra persona.

La desdicha es el resultado de desear cosas contradictorias en la vida.

La alegría y la tristeza vienen de la mano.

No te sientas culpable si las cosas que tendrían que hacerte feliz no lo hacen.

Lograr una meta especial te da felicidad; aunque quizá también tengas una sensación de desilusión antes de lanzarte a la conquista de un nuevo objetivo.

La vida está llena de preocupaciones, pero siempre hay momentos de felicidad a lo largo del camino.

Mi lema es: confórmate con poco, desea más.

Charles Lamb

Felicidad: concientización tranquila del momento presente, de la sensación, de la conciencia, de los pensamientos y de la percepción.

La risa es la mejor medicina.

Para unos, el vaso está medio lleno; para otros, medio vacío. Para ser feliz basta con cambiar de perspectiva.

Familia y amigos cariñosos… eso es felicidad.

Todos soñamos con una casa en el campo con rosales en la puerta, pero ¿no sería muy aburrida la vida si se cumplieran todos nuestros sueños?

¡Sé feliz, estás vivo!

Cuando prepares una taza de té no te apresures. Disfruta del proceso.

Nadie es desdichado todo el tiempo, y nadie es feliz todo el tiempo.

Felicidad es que la naturaleza sobreviva con una simplicidad gloriosa.

La persona que vive en casa propia, que come y vive con sencillez, y no le debe nada a nadie, es verdaderamente feliz.

No hay camino hacia
la felicidad, la felicidad
es el camino.

Dormir profundamente y despertar descansado, es una de las bendiciones de la vida.

Nunca olvides la magia en la que creías cuando eras niño.

No es el sitio donde te encuentras, sino la dirección en la que miras.

No puedes esperar ser feliz en todo momento, los seres humanos no están diseñados para eso.

Un largo y buen baño en una tina de agua caliente limpia las preocupaciones.

Haz de la felicidad tu meta, y haz lo que debas hacer para conseguirla.

No quieras definir qué es la felicidad, mejor piensa qué te hace desdichado y procura cambiarlo.

Felicidad es un cachorro cariñoso.

Procurar y amar a una persona
es la clave de la felicidad.

**Haz locuras de vez en cuando.
La vida es demasiado seria,
así que cuando puedas
vuelve a ser niño.**

Una vez que nuestras necesidades básicas están satisfechas, nuestro nivel de riqueza no tiene efecto alguno en la felicidad que sentimos.

Si todos se hacen millonarios, ninguno se siente mejor.

Las personas apreciadas por su comunidad son más felices que aquellas que alcanzan el éxito público.

Escucha el ronroneo de los gatos, ese es el sonido de la felicidad.

La felicidad crece cuando la notas.

La gente sale a buscar la felicidad por todas partes. A veces, cuando vuelven a casa, la encuentran esperándolos en la puerta.

Date tiempo para estar triste… y después sigue adelante.

Las relaciones amorosas son el factor más importante de la felicidad, seguidas del trabajo y el significado que brinda.

Estarás muerto mucho tiempo, así que sé feliz en el poco tiempo que tienes para vivir.

Viaja por el camino del amor, pues al final de ese camino se encuentra la felicidad.

Una buena acción te hace sentir tan bien como a la otra persona.

La alegría es una perla de un precio elevado, y aquel que la procura a costa de diez mil deseos hace una compra inteligente y feliz.

John Balguy

Los momentos más bellos son los más cortos.

Baja el ritmo y disfruta la vida; de lo contrario, podrías olvidar adónde vas y por qué.

Las cosas más pequeñas de la vida son las que brindan felicidad; observa cómo crece una flor o cómo pasa volando un pájaro.

La felicidad es contagiosa.

La persona que está contenta con lo que ha hecho jamás se volverá famosa por lo que hará.

La felicidad tiene propiedades mágicas, y procura salud, adaptación y larga vida.

La alegría es riqueza natural, el lujo es pobreza artificial.

Sócrates

Observar a una abeja tomando néctar de una flor que estás cultivando es una imagen de felicidad.

Igual que la armonía en la música, la felicidad es cuando cada parte de tu ser se une en concordancia.

No hay felicidad sin sueños.

La tristeza es certeza, la felicidad es riesgo.

La historia de que la riqueza se traduce en felicidad es un cuento del mundo occidental.

La alegría es una planta que florece contigo.

El buen humor es uno
de los mejores accesorios
para vestir en sociedad.
William Thackeray

La alegría se encuentra en las cosas como son, no como quisieras que fueran.

Siente, demuestra y expresa tu felicidad para que los demás también puedan compartirla.

Incluso en una vida feliz, hay momentos de desesperanza.

Si no tenemos tranquilidad mental, las comodidades externas resultan igual que una zapatilla de oro en un pie enfermo.

John Bunyan

La felicidad, eso que más queremos en la vida, suele conseguirse cuando renunciamos a ella.

Alegría es cuando experimentas una sensación de significado y de logro.

La felicidad es el resultado natural de poder ser uno mismo.

Hay una relación entre ser agradecido y ser feliz, pero ¿cuál conduce a cuál?

Felicidad es tener la panza llena.

Las actividades que nos acercan a la naturaleza, como alimentar a los pájaros, acariciar un gato o dar un paseo en el campo, nos brindan mayor felicidad.

La felicidad es una decisión en la que participan elección, acción y fe.

No envidies la felicidad de los demás, lo que los hace felices a ellos quizá no tenga el mismo efecto en ti.

Siempre que te sientes creativo, juguetón o absurdo, estás un paso más cerca de la felicidad.

La felicidad es un estado abierto, amable y positivo.

El significado original de la palabra "felicidad" es "buena fortuna" o "suerte".

Los jardines son los espacios que creamos para sentirnos felices… con un poco de ayuda de la naturaleza.

La felicidad es el aspecto emocional de la salud.

Observar una estupenda obra de arte produce una sensación de belleza, orden, paz y alegría.

Se sabe que la felicidad estimula al sistema inmunológico.

Nuestra felicidad se ve amenazada cada vez que actuamos de alguna manera en la que no somos fieles a nosotros mismos.

Para ser felices, primero debemos conocer la tristeza.

Felicidad es la ausencia de miedo.

Éxito es lograr metas; felicidad es disfrutar lo que se logra.

Canta cuando estés feliz, ¡no importa que seas desafinado!

La espera de un acontecimiento alegre te hace más feliz que el hecho en sí.

Felicidad es salir a correr después de la primera nevada de invierno, lanzar bolas de nieve y hacer un muñeco de nieve.

La felicidad que se recuerda es la más perfecta.

**Una flor que abre...
Un cielo sin nubes...
La risa de un niño,
esos son los regalos
que nos hacen felices,
si lo permitimos.**

Felicidad es comer un durazno
que el sol ha calentado.

La felicidad es buena para la salud porque produce endorfinas, químicos naturales que funcionan como analgésicos.

La creatividad es un catalizador para la felicidad.

La gente que hace contacto físico y es receptiva al tacto es más feliz.

El ejercicio regular estimula la felicidad, sobre todo cuando se hace en compañía de otras personas.

Un perro es un excelente consuelo para la tristeza porque no hace preguntas.

No vemos las violetas porque estamos entretenidos buscando las rosas.

Aprende a estar satisfecho con todo; con la riqueza, mientras la uses en beneficio de los demás; con la pobreza, porque no tienes mucho de qué preocuparte; y con la oscuridad, porque nadie te envidia.

Plutarco

Las lágrimas de felicidad son las más dulces de todas.

Lo que hace que nos sintamos desdichados con nosotros mismos es la idea exagerada que tenemos de la felicidad de los demás.

Cosecha capullos mientras puedas, el tiempo pasado aún vuela y la misma flor que hoy sonríe, estará muerta mañana.

Robert Herrick

Busca el camino

¿Cómo empezamos a buscar la alegría? Veamos los muchos pasos diferentes que podemos dar para convertir a la felicidad en una meta.

66

Sánate con pensamientos alegres.

No le digas a la gente desdichada lo feliz que eres, mejor usa tu felicidad para ayudarla…

La felicidad se encuentra en muchos lugares; en los colores de un cuadro… en las nubes del cielo… en la tierra que pisas… en el cielo rosado del atardecer… en la nieve blanca del invierno…

Está bien que nos conformemos con lo que tenemos, pero nunca con lo que somos.

James Mackintosh

No te niegues a aceptar el regalo de la felicidad nada más porque te da miedo perderla.

Llegar a casa para ver a tu perro es uno de los momentos más felices del día, ¡para ti y para el perro!

La felicidad es un regalo que no puede comprarse.

Presta atención a los pensamientos que cruzan por tu mente, algunos de ellos podrían ser importantes.

No arruines lo que tienes deseando lo que no. Recuerda que lo que tienes ahora alguna vez fue una de las cosas que deseabas.

Epicuro

Si haces tu trabajo con pasión y energía, serás feliz.

La felicidad es una aventura; lánzate a ella.

Muchos caminos conducen al placer, pero un solo sendero lleva a la felicidad.

La alegría vuelve ricos a los hombres pobres; la insatisfacción hace pobres a los hombres ricos.

Benjamín Franklin

Felicidad es acurrucarse con un buen libro junto a la chimenea en una fría noche de invierno.

Confórmate con tu destino, uno no puede ser el primero en todo.

Esopo

Como no siempre podemos tener lo que queremos, entonces queramos lo que tenemos.

Algunos ven oscuridad, tristeza y desesperanza en un día de lluvia; otros, una bendición del cielo que los renueva y da vida a todas las plantas y las criaturas de esta tierra.

Nadar en el agua transparente y cálida del azul océano es una de las alegrías de la vida.

La gente creativa suele ser desdichada; de lo contrario, no se molestaría en ser creativa.

La felicidad es como una fruta, ¡se come hasta que está madura!

La desdicha no es tan mala, hace que luches y la lucha provoca cambios.

Un poco de lo que te gusta te hace bien.

A veces, perdemos la llave de la felicidad sin darnos cuenta de que la puerta siempre está abierta.

La moderación es necesaria en todas las cosas.

Si los seres humanos moviéramos la cola cuando estamos contentos, como los perros, quizá nos entenderíamos mejor.

Cuando estamos contentos, no nos damos cuenta. Cuando estamos tristes, siempre lo notamos.

Si tienes que preguntar qué es la felicidad, jamás lo sabrás.

Un breve instante de felicidad alivia incluso la desesperanza más oscura.

Ríete de ti, largo y tendido… eso te hará muy feliz.

Sé tu mejor amigo.

No busques la felicidad en sí, mejor concéntrate en las actividades que te dan felicidad.

La felicidad puede verte, ¿tú la ves?

Feliz es el hombre, y feliz sólo él, que puede decir que el hoy le pertenece; el que, seguro de sí mismo, puede decir que mañana puede ser el peor día, porque ha vivido hoy.

John Dryden

Para ser feliz,
no hay que
pensar tanto.

La felicidad hace que un paisaje ordinario sea hermoso.

La paciencia es la clave de la felicidad.

Si puedes pensar en el ayer sin remordimiento y en el mañana sin miedo, entonces estás muy cerca de la felicidad.

Entre más fría esté el agua de la alberca, más cálido será tu resplandor cuando termines de nadar.

Sigue tus propios consejos antes de compartirlos con los demás.

Una buena comida y una buena compañía para compartirla, son el final perfecto para un día feliz.

La felicidad no es lograr lo que deseas, sino descubrir lo mucho que ya tienes.

Un hombre rico es aquel que no necesita riqueza.

Sé tú, con todas tus fortalezas y debilidades.

No permitas que cosas pequeñas te decepcionen, conserva la perspectiva.

Fracasas sólo si dejas de intentar.

Es importante que te sientas valorado. No te alejes de las personas que te valoran, y apártate de quienes no lo hacen.

En la guerra contra el miedo, la alegría es la mejor arma.

Hay atajos que conducen a la felicidad, y bailar es uno de ellos.

Vicki Baum

Conquista tus miedos enfrentándolos. Si te escondes, permanecerán más tiempo en tu vida.

Eres un ser humano poderoso con el que hay que tratar.

Si no lo consigues al primer intento, eres justo como todos. Eso se llama aprendizaje.

Todos merecemos ser felices. Depende de ti serlo.

La amistad es el pilar
de la felicidad.

Puedes bailar donde sea, si tu corazón lo desea.

Si eres un amigo bueno y considerado, serás más feliz... aunque tus amigos no te devuelvan la gentileza.

Cuando cuidas de tu jardín, también atiendes tu alma.

No luches con lo inevitable.

Felicidad es tener el estado de ánimo adecuado, no estar en las circunstancias perfectas.

Ten cuidado con lo que deseas.

Confía en ti,
entonces sabrás
cómo vivir.

Perdona a tus enemigos, ¡eso los enfadará muchísimo!

La energía invertida en preocupaciones es, en su mayoría, energía desperdiciada.

Mantente firme, como un árbol… con las raíces bien clavadas en la tierra… inquebrantable ante el viento y la lluvia…

Un largo paseo por el campo, acompañado de un buen amigo, es una de las alegrías más grandes de la vida.

A veces, zarpamos hacia aguas turbulentas, pero si somos pacientes, con el tiempo volvemos a salir.

Procura pasar todo un día sin desear o sin pedir.

Dentro del ajetreo de la vida, encuentra un remanso de paz… en tu mente.

Permite que te absorban tus actividades, de esa manera te fusionarás con lo que haces.

No te despiertes en la noche para preocuparte, espera a la mañana y ¡descubrirás que el problema no era tan grande!

La soledad puede ser una amiga y una guía que te conduzca a la felicidad.

Aprende a pasar tiempo contigo.

Procurar amor, suerte y felicidad a tu vida requiere de trabajo arduo, no llegan solos.

Ser amable no cuesta nada, y te da mucha felicidad.

La admiración sin envidia es posible.

Todo fluye, nada permanece.

Heráclito

No te resistas al cambio; si lo haces, convertirás la alegría en tristeza.

Concéntrate en la tarea que debes realizar. No importa que sea insignificante, te sentirás más contento si la haces bien.

Corre lo más rápido que puedas, no a la mayor velocidad.

La honestidad tiene el poder para destruir al miedo.

Si quieres ser feliz una hora, toma una siesta; si quieres ser feliz un día, ve de pesca; si quieres ser feliz toda la vida, ayuda a otra persona.

Proverbio chino

La felicidad abre los brazos y cierra los ojos.

La felicidad es como un perfume. No puedes echárselo a los demás sin que te caigan unas gotas encima.

Sólo los instantes de felicidad se quedan con nosotros.

La felicidad del comerciante depende del azar, del viento y de la marea.

Proverbio japonés

Duerme profundamente y la felicidad te visitará en sueños.

Un día bien vivido hace del ayer un sueño de felicidad y del mañana una visión de esperanza.

Proverbio indio

Ejercitar el cuerpo le brinda paz al alma.

La acción de la imaginación es esencial para la felicidad humana.

Ruega por una mente sana en un cuerpo sano.

Juvenal

Para aumentar la felicidad, observa jugar a los niños, y si puedes, ¡únete a la diversión!

En la cima de la felicidad, nos detenemos a pensar; mejor, encontremos la paz.

Todos los días, haz algo que disfrutes; no importa que estés muy ocupado, busca el momento para hacerlo…

Nunca impongas a los demás lo que no elegirías para ti.

Confucio

Caminar, correr, o cualquier clase de ejercicio al aire libre alegrará tu día.

Baila primero y piensa después. Es el orden natural.

Samuel Beckett

Deja de hacer muchas cosas a la vez, agota a la mente y no logras nada importante.

Regala un "obsequio dc gratitud". Escribe todas las razones por las que le estás agradecido a esa persona, y díselas.

Un hombre sabio es aquel que conoce el tamaño de su ignorancia.

La creatividad
no es algo místico, sino algo
que ya conoces.

No vayas hacia donde conduce el camino, mejor ve adonde no hay camino y deja huella.

Ralph Waldo Emerson

Valorar a la gente, y ser valorado, como parte de una familia, de una comunidad o de una empresa, es el camino seguro a la felicidad.

La concentración ayuda a relajar a la mente.

Haz una lista de las cosas que te hacen feliz. Descubrirás que son muchas más de las que imaginas…

¿Puedes expresar la felicidad en un dibujo?

Date tiempo para sentarte a escuchar una canción sin hacer nada más.

Aquel que dice que el sol da felicidad, nunca ha bailado bajo la lluvia.

El mundo no es más que un lienzo para la imaginación.

Henry David Thoreau

El arte de la felicidad es como cualquier otro, entre más lo practicas, mejor te sale.

La gente feliz no tiene lo mejor de todo, sino que saca el mejor provecho de todo.

Felices son los pintores, porque no están solos. La luz y el color, la paz y la esperanza, los acompañan hasta el final del día.

Winston Churchill

La creatividad está al alcance de la mano de todos, sin excepción. Y ser creativo, incluso de la manera más insignificante, produce una enorme felicidad.

Captura tus fantasías, guárdalas en un sitio seguro, y piensa en ellas con frecuencia.

Las críticas hieren al corazón profundamente. Los elogios no causan ninguna impresión. Aprende a escuchar los elogios, pero también la culpa.

Convierte a la felicidad en una costumbre. Todos los días, haz una lista de cinco cosas que te hayan hecho feliz.

Existe un lazo crucial entre felicidad y altruismo, o "consideración por los demás".

Tener claro el camino es la aspiración de todo ser humano en su confundida y tempestuosa existencia.

Joseph Conrad

El espíritu de la gente que ejercita el cerebro es siempre joven.

Identifica las fortalezas que has desarrollado a lo largo de los años, y aprende a usarlas para resolver tus problemas.

Procura darte cuenta cuando estés feliz.

Si te respetas, no te molestarás tanto cuando la gente te falte al respeto.

Cuando te sientas agobiado por los desafíos de la vida, mira al pasado y recuerda los momentos difíciles a los que has sobrevivido.

No te detengas, no te demores. Avanzar es ir hacia la perfección. No te detengas, y no temas a las espinas y a las rocas afiladas del sendero de la vida.

Khalil Gibrán

Un corazón bueno y una mente abierta son los mejores compañeros de viaje.

Alimenta tu alma, medita, camina en la playa, escucha música, visita galerías de arte y edificios históricos. Cuando lo hagas, te sentirás más equilibrado.

Procura ver lo mejor de la gente.

El lóbulo frontal izquierdo
es la parte del cerebro
que registra la felicidad,
el bienestar y la alegría.
¡Ejercítalo!

Viaja con la esperanza, pero vive con la felicidad.

La meditación estimula la felicidad. Todos los días, date unos minutos para sentarte en un lugar tranquilo. Cierra los ojos, respira despacio, y nada más observa cómo van y vienen tus pensamientos.

Creer que eres una buena persona resulta más sencillo si actúas como tal.

Viajar expande la mente... y eleva al alma.

Actividad

El filósofo griego Aristóteles consideraba a la felicidad como "el florecimiento del ser humano", o "el camino hacia la virtud". ¿La felicidad se logra a través del compromiso desinteresado, el trabajo, o de otras formas?

No prestes oídos a tu lenguaje tóxico; no hables mal de ti, ni aun cuando pretendas ser gracioso. Cuando dices cosas negativas, creas una mentalidad negativa.

El trabajo nos relaciona con otras personas, construyendo un mundo más feliz para todos.

Descubrir para qué somos buenos y conseguir la oportunidad de hacerlo, es la clave de la felicidad.

John Dewey

Habla menos, escucha más.

Los seres humanos están diseñados para el amor y la compasión.

Pregúntate qué agradeces.
Hallarás muchas respuestas.

Cinco claves para una vida más feliz: dar, relacionarse, agradecer, aceptar, cuestionar.

Demuestra afecto, di gracias, y expresa tu valor en amigos, familia y compañeros de trabajo.

No podemos hacer cosas grandes en esta tierra, sólo pequeñas con gran amor.

Madre Teresa

El trabajo se expande para llenar el tiempo disponible.

Fortalece el lado bueno de tu cerebro pasando tiempo en la zona conocida como "flujo". Éste tiene lugar cuando estás tan absorto en una actividad agradable, que te desconectas de todo lo demás.

Cualquier actividad se vuelve creativa cuando la persona que la realiza se preocupa por hacerla bien, o mejor.

John Updike

Las oportunidades para hacer el bien están en todas partes, ¡búscalas!

El miedo paraliza a la mente y al corazón.

La crítica constante es sumamente destructiva en las relaciones. Por cada comentario negativo, incluye cinco positivos.

El crecimiento depende de la actividad. No existe desarrollo físico o intelectual sin esfuerzo, y el esfuerzo significa trabajo.

Calvin Coolidge

Hazte presente en todo lo que haces.

Todos los días, fíjate en un objeto sorprendente o hermoso. Tómate un momento para apreciar el esfuerzo que se requirió para crearlo.

El que duda, está perdido.

Cuando hagas algo que disfrutes, saboréalo: el agua tibia de una ducha, un momento de tranquilidad al final del día.

La vida no nos regala nada a los mortales que no nos esforzamos.

Horacio

Es poco común encontrar a una persona egoísta que sea realmente feliz.

Come despacio. Aprecia los colores, la textura y los sabores de los alimentos, y lo que sientes cuando los tienes en la boca. De esa manera, los disfrutarás… ¡y no te llenarás!

Halaga el comportamiento que te haya impresionado de una persona, aunque sientas vergüenza. Casi toda la gente lo agradecerá.

La falta de actividad destruye la salud de los seres humanos, mientras que el movimiento y el ejercicio físico metódico la conserva y la preserva.

Platón

Encontrar nuevas opciones para tus talentos en otras formas incrementa la felicidad, la tuya y la de los demás.

Somos más fieles a nosotros mismos cuando tenemos nueve o diez años. Así que regresa a esa época y retoma los pasatiempos que te gustaban cuando eras niño.

Identifica tus debilidades y tus fortalezas como persona, y luego ¡cultiva las fortalezas!

La acción es la más elevada perfección y la exposición de la máxima fuerza, vigor y actividad de la naturaleza del hombre.

Obispo Robert South

Haz cambios en tu vida. Toma un camino diferente para ir al trabajo, prueba comida de otra cultura, o visita un museo o una galería que no conozcas.

Las acciones hablan más que las palabras.

Las investigaciones demuestran que la felicidad de una persona cercana aumenta en 15% la probabilidad de ser feliz.

La felicidad alimenta al éxito, no al revés.

Cuando somos positivos, nos volvemos más motivados, comprometidos, activos, fuertes y productivos.

El único ejercicio que algunas personas hacen es sacar conclusiones apresuradas, hablar mal de sus amigos, eludir responsabilidades, y tentar a su suerte…

Lánzate a tus sueños con confianza. Vive la vida que has imaginado.

Henry David Thoreau

Se cree que nuestra composición genética influye aproximadamente 50% en la variación de nuestra felicidad personal. ¡El resto depende de nosotros!

La gente es más feliz cuando regala dinero que cuando lo gasta en sí misma.

Por lo general, los padres desean, primero y ante todo, que sus hijos sean felices. Es una ambición muy grande para que la cumpla un niño…

Identifica las ideas ilógicas e inútiles, y aprende a manejarlas.

Entre más duro trabajo, más suerte tengo.

Samuel Goldwyn

Media hora de meditación diaria es esencial, excepto cuando tienes muchas cosas que hacer. Entonces, necesitas una hora completa.

San Francisco de Sales

Extiende la mano para atender a un amigo necesitado, puedes ayudarlo a ver la luz al final del túnel.

El viaje está en la recompensa.

La compasión está en el centro de la felicidad.

Date tiempo para llevar flores o una planta a un amigo; para hacerle un pastel; o para enviarle información divertida, o una foto graciosa.

Si te sientes triste, no finjas que estás contento. Sé tú, y la tristeza pasará.

El comienzo es más de la mitad de la totalidad.

Aristóteles

Fíjate metas, grandes o pequeñas; escríbelas; sé específico, no general.

El trayecto de mil kilómetros comienza con un solo paso.

Proverbio chino

No esperes ser un padre perfecto, reconoce tus errores y sigue adelante.

Debes encontrar lo que amas, y eso aplica lo mismo para el trabajo que para los amantes… Si aún no lo encuentras, sigue buscando y no te detengas. Igual que con los asuntos del corazón, sabrás cuando lo hayas encontrado.

Steve Jobs

Celebra el éxito, date tiempo para disfrutarlo, y agradece a quienes te ayudaron a llegar.

Hay una razón para todo y un tiempo para cada misión en la tierra.

Eclesiastés

Diez minutos de meditación diarios nos hacen más felices, más optimistas y más conscientes espiritualmente.

Los hechos no siempre causan una reacción, sino nuestra respuesta negativa a ellos, que a veces podemos controlar.

Nadie puede detener el avance del tiempo.

Un oso, aunque se esfuerce mucho, se pondrá gordito si no hace ejercicio.

A. A. Milne

La manera en la que interpretamos los acontecimientos de la vida afecta nuestra felicidad.

Si envidias a los demás, presta más atención a sus vidas y pregúntate si de verdad quieres ser como ellos.

Es mejor prender una vela que maldecir la oscuridad.

Identifica tus pensamientos negativos, ilógicos e inútiles, y desafíalos.

Si primero logramos descubrir nuestro verdadero propósito y después cumplirlo, quizá encontremos la felicidad.

Obtén la felicidad en un buen día de trabajo, en iluminar la niebla que nos envuelve.

Henri Matisse

En el centro de toda relación feliz se encuentra la buena comunicación.

Desafía todos los pensamientos que comiencen con: "¿Y si…?".

Acepta tus necesidades y las de los demás, de esa manera no te enredarás en malos entendidos.

Cuidado con el "pensamiento blanco y negro". Pregúntate qué es lo peor que podría suceder, qué es lo mejor, y qué es lo más probable.

Encárgate de estar en forma.

Tu trabajo es descubrir tu trabajo y entregarte a él con toda el alma.

Buda

Si nos preocupamos mucho creamos malos hábitos mentales. Razonar nuestros miedos es una manera de hacerlos desaparecer.

No planear es planear el fracaso.

Alan Lakein

La gente que tiene una vocación en la vida tiende a ser más feliz.

Compartir nuestros pensamientos y necesidades hace que nos sintamos valorados y comprendidos.

La práctica hace al maestro.

Todos compartimos estas necesidades comunes: pertenecer, sentir alegría, sentirse protegido, y ser tratado con respeto.

Si tu perro está gordo, no estás haciendo suficiente ejercicio.

La gente puede disparar nuestras emociones, pero nosotros decidimos cómo respondemos.

No dejes para mañana lo que puedes hacer hoy. Después de todo, no hay nada como el presente.

El trabajo es el amor visible. Pero si no puedes trabajar con amor, sólo con desagrado, lo mejor es que dejes de trabajar, te sientes en la puerta del templo y aceptes la limosna de aquellos que trabajan con alegría.

Khalil Gibrán

Decirle un simple "hola" al vecino hace que nos sintamos más felices y seguros en el lugar donde vivimos.

El hijo del zapatero suele andar descalzo.

Proverbio inglés

Siempre hay esperanza, incluso en las circunstancias más difíciles.

Si alguien desea compartir buenas noticias contigo, haz preguntas, escucha, sonríe y ayúdalo a revivir la experiencia.

El genio es 1% inspiración
y 99% transpiración.

Thomas A. Edison

Dar apoyo y recibirlo de los demás nos hace felices.

Piensa cómo y cuándo sientes felicidad en tu vida. Es diferente para todos.

El éxito tiene muchos padres, pero el fracaso es huérfano.

Siente verdadero gusto cuando las cosas van bien para los demás. No es tan difícil como crees.

La honestidad es la mejor póliza.

Pregúntate cuál es el significado y el objetivo de tu vida. Quizá no encuentres la respuesta, pero te servirá para que te concentres en lo que realmente te importa.

Trabaja, descansa, juega… es difícil mantener el equilibrio en la vida, pero no imposible.

Rompe el círculo del pensamiento negativo.

Procura no ver mucho al reloj. Recuerda, el que espera desespera.

Si cometes un error, no le des vueltas. Reconócelo, procura corregirlo, y luego olvídalo.

El conocimiento escaso es peligroso.

Que no te intimide la tarea que tienes por delante. ¡Robles fuertes nacen de pequeñas semillas!

Escribe todas las cosas que te importan y luego haz una lista según las prioridades. De esa manera, te concentrarás en las cosas importantes de la vida.

Hacer nada es muy difícil… nunca sabes cuándo terminas.

El cambio es tan bueno como el descanso.

No te compares negativamente con otras personas, quienes podrían tener problemas que desconoces en su vida personal.

La diversión es un asunto serio.

Limpia los pensamientos negativos. Se requiere fuerza de voluntad y determinación, pero ¡puedes lograrlo!

Si sientes que trabajas demasiado, tómate un descanso. Sal a la calle y quítate las telarañas…

Identifica las situaciones, los lugares y la gente que te hacen desdichado, y evítalos.

Si los deseos fueran caballos, los mendigos serían jinetes.

Procura aceptar el hecho de que no puedes tener todo en la vida. Es obvio, pero ¡es algo que solemos olvidar!

Sé un optimista realista; mantén una visión positiva, pero ten cuidado con las restricciones que encuentres en tu vida.

Irse a la cama temprano y levantarse de madrugada, hace que un hombre sea sano, rico y sabio.

"Transforma" los acontecimientos; procura ver lo mejor, no lo peor, de lo que sucedió.

El único lugar donde éxito aparece antes que trabajo es en el diccionario.

Vince Lombardi

Ábrete a la oportunidad.

No existe felicidad sin lucha.

Nunca ignores tus sueños para el futuro, ellos te guiarán en el camino.

¿Cómo es la brecha que separa lo que quieres vivir de cómo vives? ¿Puedes cerrarla? Describe con detalle tu visión de tu futuro y trabaja para conseguirlo.

El trabajo sin reposo, convierte al hombre en un soso.

Imagínate dentro de diez años.
¿Qué te gustaría que sucediera?
Fíjate metas, y ¡quizá descubras
que puedes alcanzarlas!

Nadie nota lo que hacemos, hasta que dejamos de hacerlo…

No siempre es tu culpa que las cosas salgan mal.

No te presiones para ser feliz. Mejor crea una mentalidad positiva: no te cierres, agradece, sé curioso, sé amable.

Deshazte de las expectativas rígidas y sé más consciente de la belleza natural y de la bondad humana.

Todas las cosas son difíciles antes de ser fáciles.

Thomas Fuller

Piensa en "nosotros" no en "yo".

Las emociones le dan sabor a la vida.

Haz una lista de tus diez emociones más positivas. Alegría, amor propio, gratitud, inspiración… tú elige.

Como tengo trabajo en qué ocuparme, es posible que me cueste menos trabajo llevarme bien con otra mujer cuando me empiece a salir papada.

Gloria Steinem

No te hagas pasar malos ratos, aceptarte como eres es la clave del bienestar.

**Lo que bien empieza,
bien acaba.**

No existe la comida gratis.

**El trabajo arduo hace relucir
el carácter de la gente; algunos
se arremangan la camisa, otros
muestran desprecio, y unos
más ni siquiera aparecen.**

Sam Ewing

Un estado de ánimo

En la actualidad, la felicidad es un estado emocional íntimo, que se logra a través de la realización personal. ¿El camino a la felicidad es conocimiento espiritual en vez de actividad? ¿O es, quizá, una combinación de ambos?

No preguntes ¿por qué?, mejor pregunta ¿por qué no?

Cuando somos jóvenes creemos saber todo; cuando somos ancianos, descubrimos que no sabemos nada.

Si un hombre mata a cien individuos, y otro se domina a sí mismo, el segundo es mejor guerrero.

Buda

Ser bondadoso con la gente estimula la felicidad; aumenta la satisfacción; da una sensación de significado, y aleja nuestra mente de los problemas.

196

Un solo momento de felicidad borra horas de tristeza.

Convierte las rocas del camino en escalones para avanzar.

Cuando te despiertes en la mañana, detente un momento a honrar el regalo de un nuevo día.

El camino es el destino.

No hay ni castigos ni recompensas en la vida, sólo consecuencias.

Lo más importante como padre no es que fijes una rutina estricta, sino que les des amor incondicional a tus hijos y los ayudes a que se sientan comprendidos, valorados y seguros.

Si ver el cielo azul
te llena de alegría,
siéntete feliz, porque
tu alma está viva.

Recuerda, no es necesario que tengas una opinión con respecto a todo.

Lo que das, recibes, y más si es con bondad.

Reconoce tus errores en cuanto los cometas… antes de que otro los señale.

Vive hoy, mañana quizá nunca llegue.

La gente paga por lo que hace, pero paga más por permitirse llegar a ser lo que es. Y lo pagan muy sencillo, con la vida que llevan.

James Baldwin

La vida es un viaje a un destino desconocido, del que el viajero nunca regresa.

No temas viajar. Ve,
y cuando regreses,
descubrirás que eres una
persona más valiente.

La generosidad no sólo se relaciona con el dinero, también podemos dar tiempo, ideas y energía.

Piensa que la tristeza es un trabajo al que renunciaste.

No permitas que los obstáculos de la vida se interpongan en tu camino. Si no puedes saltarlos, dales la vuelta.

El éxito jamás es la medida de la felicidad.

No vayas buscando oportunidades, mejor haz que sucedan.

Fracasar en los negocios es una desgracia, pero fracasar en la vida es una tragedia.

Cínico es el hombre que sabe el precio de todo y el valor de nada.

Oscar Wilde

Mientras viajas, no olvides detenerte en ocasiones para admirar el paisaje.

El optimista convierte los problemas en oportunidades. El pesimista hace lo contrario.

Envidias a los demás cuando tienes baja autoestima.

No te apresures a criticar a la gente, permite que cometa sus propios errores.

La virtud es su recompensa.

Toda la alegría de este mundo está
en desear que los demás sean felices,
y todo el sufrimiento en desear
que sólo nosotros seamos felices.

Procura ser educado en todas las situaciones, sin importar lo desagradable que te parezca la gente te sentirás mejor.

Regala a los demás una simple palabra o un gesto amable.

Viaja en la mente, pero también en cuerpo.

Tal vez esforzarte al máximo no sea suficiente, pero si lo haces, no tendrás remordimientos.

Practica la bondad al azar.

Teme menos, ten más fe
Quéjate menos, respira más
Habla menos, di más
Odia menos, ama más
Y todas las cosas
buenas serán tuyas.

Proverbio sueco

Si no viajas nunca, te pierdes la aventura de andar en carretera; si haces de la carretera tu hogar, te pierdes el compromiso de la vida casera.

Trata con respeto a toda la gente que conozcas, las apariencias engañan.

Tus acciones son lo único que posees.

La meditación produce cambios en la estructura del cerebro que se cree está relacionada con la felicidad.

En la ciudad, añoramos la paz y la tranquilidad del campo; en el campo, extrañamos el ajetreo.

Aprende a aceptar tus pensamientos en vez de controlarlos.

Algunas personas caminan bajo la lluvia, otras simplemente se mojan.

Se requiere compromiso y determinación para ser feliz.

Enmarca tus fotos y tus diplomas. Los objetos personales no sólo son decorativos, también son apoyos psicológicos que hacen crecer al ego y la sensación de éxito.

Cuando volvemos a casa después de un viaje, solemos ver nuestra vida diaria con otros ojos y apreciamos de verdad las bendiciones que tenemos. De esta forma, conocemos nuestra vida a través del cambio.

La gratitud es buena para la salud, aumenta las emociones positivas y disminuye las negativas.

Estar atento es un estado de atención abierta y activa en el presente. Significa vivir en el momento y estar consciente de la experiencia.

Observa tus pensamientos a distancia, sin juzgar sin son buenos o malos.

Un individuo que permanece en el mismo lugar toda la vida puede encontrar muchas cosas interesantes como la persona que recorre el mundo.

El sufrimiento es provocado por el deseo. Deja de desear y el sufrimiento terminará.

Cuando alguien te hable, deja de pensar en tus cosas y escucha lo que esa persona tiene que decirte.

Date tiempo para la gente que necesita ayuda, sin importar si son amigos o no.

Investigaciones demuestran que los interiores minimalistas pueden resultar deprimentes. Así que pinta las paredes con colores intensos, te levantarán el ánimo.

A veces, nos da miedo caminar por el bosque oscuro, y quizá no es por lo que esté escondido detrás de los árboles, sino porque escuchamos nuestros pensamientos en el silencio.

No pierdas contacto con los seres humanos ni con la naturaleza.

El sendero a la felicidad puede ser empinado, difícil y pedregoso, mientras que el camino a la tristeza siempre es cuesta abajo.

No respondas a la ira con ira. Cuenta hasta diez y pregúntate por qué esa persona está tan enojada. Si prestas atención, quizá encuentres la respuesta.

El respeto es una forma de amor.

No permitas que la vida te pase de largo. Vive en el presente, disfrutando de cada momento.

Reconoce que eres especial, no hay otro como tú.

El ciclo de la vida

Poder abrazar el presente sin preocuparnos por el pasado ni por el futuro, es esencial para ser felices. Pero también es necesario que hagamos un resumen del proceso de nuestra vida entera.

El sonido de la felicidad es el del arroyo que corre.

La paradoja de la vida es que conforme nuestro cuerpo envejece, nuestra mente rejuvenece, reviviendo los días de nuestra infancia con nueva intensidad.

El ocio es un atajo a la muerte y la diligencia es una forma de vida; los tontos son ociosos, y los sabios diligentes.

Buda

Los seres humanos jamás entenderán el misterio de cómo el tiempo pasa tan rápido y al mismo tiempo tan despacio.

La vida es corta, ¡no desperdicies ni un segundo!

La felicidad es el regalo más grande que una persona puede tener o conceder.

Una pena compartida es una pena dividida.

Preocuparse por la tristeza es una pérdida de tiempo, y perder el tiempo es desperdiciar la vida.

Vive como si hoy fuera tu último día.

En el momento exacto en el que muere una persona, otra llega al mundo. Y así continúa el ciclo eterno de la vida.

No bases tu felicidad en la riqueza material, puede desaparecer demasiado rápido.

La vida no sólo es la travesía hacia la tumba, también una aventura que debe emprenderse con coraje y optimismo.

La costumbre o la rutina nos vuelven ciegos a las maravillas del mundo que nos rodea.

La vida es una broma, y alguna vez pensé que todas las cosas lo demostraban; hoy estoy seguro.

John Gay

No envidies la felicidad de los demás, pero procura compartirla.

Si te aceptas como eres, quizá descubras que los demás hacen lo mismo.

Es posible ante otros males procurarse una seguridad, pero frente a la muerte todos habitamos en una ciudad sin murallas.

Epicuro

El sol sale todas las mañanas para recordarnos que todo es posible cuando comienza un nuevo día.

La gente que se enfrenta a la muerte suele darse cuenta por primera vez lo mucho que ama la vida. Piensa qué se siente y procura valorar lo que tienes.

El tiempo pasa más rápido si vamos corriendo y de prisa por la vida. Mejor, detente un momento, mira a tu alrededor y disfruta lo que ves…

No temas tanto a la muerte como a una mala vida.

Bertolt Brecht

A veces, hablamos tanto de nosotros para no parecer presuntuosos ante nuestros amigos. No es necesario. Seamos modestos con nuestros logros, pero sintámonos orgullosos de ellos también.

No moriré de un resfriado. Moriré de haber vivido.

Willa Cather

Escucha lo que dicen los niños, a veces ven las cosas con más claridad que los adultos.

La plática alegre de los niños es el sonido de la vida.

La gente que vive la vida al máximo parece que no le teme a la muerte.

Sin perdón, la vida es gobernada por un ciclo infinito de resentimiento y de venganza.

Roberto Assagioli

El otoño es agridulce, es la estación en la que la fruta madura… y el invierno espera.

El duelo toma tiempo. Permítete ese tiempo para que puedas sanar tu pérdida.

Vivimos una vida, pero solemos anhelar varias.

La vida es un acertijo que quizá no logremos resolver antes de morir.

Todos estamos conectados con el gran círculo de la vida, como seres que viven en medio de la naturaleza y que regresan a ella.

Los bebés no tienen cabello
los ancianos tienen la cabeza
igual de calva
entre la cuna y la tumba
se encuentra un corte de cabello
y una afeitada.

Samuel Hoffenstein

Conforme envejecemos, recordamos nuestra infancia con más claridad: la intensidad, los juegos, las penas. Recupera la pasión por vivir y tu corazón no envejecerá.

Estar triste es mucho más sencillo que ser feliz.

Luchamos por alcanzar la felicidad en nuestra vida, y cuando la encontramos, nos da miedo perderla.

Come, bebe y sé feliz, ¡ya mañana hacemos dieta!

Las personas siguen vivas en la mente de aquellos que las amaron y de quienes se beneficiaron con sus logros cuando estaban vivos.

Si vivimos con miedo,
sólo vivimos media vida.

Creo que la vida es mejor que la muerte sólo porque es menos aburrida y nos ofrece duraznos frescos.

Alice Walker

Darte tiempo y espacio para ti te hará más feliz, a pesar de que estés ocupado.

Una de las alegrías cuando llegas a viejo es la certeza de haber vivido una vida plena, activa y feliz. ¡Asegúrate de tener esa alegría!

Es fácil ver lo felices que son los demás, pero a veces nos cuesta trabajo notarlo en nosotros.

En la primera mitad de la vida se cuenta con la capacidad para disfrutar sin la oportunidad; en la segunda, tienes la oportunidad sin la capacidad.

Mark Twain

Cuando llegue la muerte, permite que te encuentre viviendo la vida como quieres.

Balancea bien el trabajo y la vida. Marca límites claros y respétalos. De lo contrario, la vida pasará volando sin que te des cuenta.

El hombre siempre muere antes de haber nacido completamente.

Eric Fromm

Los niños viven en el presente; los jóvenes, en el futuro; y los ancianos, en el pasado.

Tienes derecho a sentirte contento, triste o enojado, pero no siempre tienes derecho a expresar esas emociones cada vez que lo desees.

Si la vida te parece larga, es porque no estás viviéndola realmente.

La muerte es un tema muy triste y deprimente, y te aconsejo que no tengas nada que ver con ella.

W. Somerset Maugham

Cuando creí que estaba aprendiendo a vivir, estaba aprendiendo a morir.

Leonardo da Vinci

Cuando somos mayores, parece que la vida pasa muy rápido, por eso debemos buscar la forma de reducir su paso; por ejemplo, celebrando acontecimientos, yendo de vacaciones, cambiando la rutina.

La muerte de cualquier hombre me disminuye porque estoy ligado a la humanidad; y por lo tanto, nunca preguntes por quién repican las campanas, repican por ti.

John Donne

Una vida feliz es una bendición,
no sólo para la persona que la vive,
sino para el mundo entero.

Las piedras sepulcrales indican el sitio donde está enterrada la gente; su hijos, y sus logros, indican los lugares donde seguirán viviendo.

Me levanto en la mañana desgarrado entre el deseo de mejorar al mundo y el deseo de disfrutar el mundo. Esto dificulta la planificación del día.

E. B. White

Sé joven, sé tonto…
pero, sobre todo, sé feliz.

Existe una sola diferencia entre una vida larga y una buena cena; en la cena, los dulces se comen al final.

Robert Louis Stevenson

Sólo el amor es más fuerte que la muerte.

Todos los hombres mueren, pero no todos viven de verdad.

William Wallace

El ciclo de la vida es eterno; después de la noche, llega el día… después del invierno, la primavera… y después de la lluvia, el sol.

Los guías

Los grandes filósofos, desde los griegos hasta la actualidad, le han dado muchas vueltas al tema de cómo lograr la felicidad; igual que algunos artistas, escritores y varias voces anónimas de la historia. ¿Qué tienen que decirnos?

La felicidad es la actividad del alma conforme a la razón.

Aristóteles

Una alegría dispersa mil penas.

Proverbio chino

Con frecuencia deben cambiar aquellos que son constantes en felicidad y sabiduría.

Confucio

La felicidad consiste en llenar las horas.

Ralph Waldo Emerson

La mayor felicidad
del mayor número es
el fundamento de la
moralidad y el derecho.

Jeremy Bentham

Para disponer de buena salud, dar verdadera felicidad a la familia, uno debe ser, primero, disciplinado y controlar la mente.

Buda

Confía en los demás; aunque te demuestren que te equivocaste, serás más feliz.

Te aconsejo que no preguntes por qué o adónde, simplemente disfruta del helado que tienes en el plato. Esa es mi filosofía.

Thornton Wilder

La verdad es una bondad profunda que nos enseña a estar satisfechos con nuestra vida cotidiana y a compartir con los demás la misma felicidad.

Khalil Gibrán

Amor, amor, amor. Eso es el alma del genio.

Wolfgang Amadeus Mozart

La pequeña porción de felicidad que el hombre puede alcanzar existe sólo si acaso es capaz de dejar de pensar en sí mismo.

Theodore Reik

Ríe y el mundo reirá contigo;
llora y llorarás solo,
porque la triste y vieja tierra debe
tomar prestada su alegría,
pues bastantes problemas tiene ya.

Ella Wheeler Wilcox

Para hacer feliz a un hombre, no aumentes su riqueza, quítale sus deseos.

Epicuro

El hombre que hace que todo lo que lo conduzca a la felicidad dependa de él, y no de los demás, adopta el mejor plan para vivir feliz.

Platón

Felicidad es cuando lo que piensas, lo que dices y lo que haces, están en armonía.

Mahatma Gandhi

Si queremos ser felices, debemos poner al amor primero.

No es la riqueza ni el esplendor, sino la tranquilidad y la ocupación lo que le da a uno felicidad.

Thomas Jefferson

Me encanta la diversión, pero demasiada diversión es la más desagradable de todas las cosas. La alegría es mejor que la diversión, y la felicidad es mejor que la alegría.

William Blake

La amistad tiene un efecto más fuerte en la felicidad que el dinero.

Aunque la felicidad te olvide un poco, jamás te olvida por completo.

Jacques Prevert

El hombre, que como ser físico siempre voltea hacia fuera, pensando que la felicidad reside en su exterior, por fin mira hacia dentro y descubre que la fuente está en su interior.

Søren Kierkegaard

Si dejas de buscar a la felicidad quizá la encuentres.

La esencia de la filosofía es que un hombre viva de tal manera que su felicidad dependa en la medida de lo posible de cosas externas.

Epicteto

Si quieres ser feliz, selo.

León Tolstoi

La máxima felicidad de la vida es la convicción de que somos amados; amados por nosotros mismos, o incluso a pesar de nosotros mismos.

Víctor Hugo

Si nunca te preguntas si eres feliz, es probable que lo seas.

Aquel que poco sabe de la naturaleza humana como para buscar la felicidad cambiando todo salvo su disposición, desperdiciará su vida en vanos esfuerzos.

Samuel Johnson

Una cosa bella es una alegría eterna.

John Keats

La mejor manera de levantarte el ánimo es tratar de animar a otra persona.

Mark Twain

La felicidad no es ni virtud ni placer, ni esto ni aquello, sino simple crecimiento. Somos felices cuando crecemos.

William Butler Yeats

La felicidad llega cuando menos la esperas, y también se va de repente.

Para tener alegría debemos compartirla. La felicidad nació con un hermano gemelo.

Lord Byron

La verdadera felicidad se encuentra en la alegría de las cosas bien hechas, en la pasión de crear cosas nuevas.

Antoine de Saint-Exupéry

La felicidad es una actividad, no una emoción.

La felicidad no es un ideal de la razón, sino de la imaginación.

Immanuel Kant

La acción quizá no produzca felicidad, pero no hay felicidad sin acción.

Benjamin Disraeli

¿Puede algo ser tan elegante como para tener pocos deseos y satisfacerlos solo?

Ralph Waldo Emerson

Los dos enemigos de la felicidad humana son el dolor y el aburrimiento.

Arthur Schopenhauer

La única manera de evitar la tristeza es no tener suficiente tiempo libre para preguntarte si eres feliz o no.

George Bernard Shaw

Cuando recordamos el pasado, por lo general descubrimos que son las cosas sencillas, no las grandes ocasiones, las que en retrospectiva producen la mayor felicidad.

Bob Hope

La belleza es la promesa de felicidad.

Edmund Burke

La felicidad es un misterio, como la religión, y jamás debe razonarse.

Gilbert K. Chesterton

La felicidad de un hombre en esta vida no está en la ausencia, sino en la maestría de sus pasiones.

Alfred Lord Tennyson

Al hombre le gusta contar sus problemas, pero no cuenta sus alegrías. Si lo hiciera, que debería, se daría cuenta de que cada una de ellas le ha dado bastante felicidad.

Fiódor Dostoievski

Mi corona es la satisfacción, una corona que los reyes pocas veces disfrutan…

William Shakespeare

El hombre, para ser feliz, no sólo necesita disfrutar esto o aquello, sino también esperanza, iniciativa y cambio.

Bertrand Rusell

La verdadera felicidad es… disfrutar el presente sin la dependencia ansiosa del futuro.

Séneca

El éxito no es la clave de la felicidad, la felicidad es la clave del éxito.

Herman Cain

He aprendido a buscar mi felicidad limitando mis deseos en vez de procurar satisfacerlos.

John Stuart Mill

No se viaja hacia la felicidad, ni se posee, ni se gana, ni se gasta, ni se consume. La felicidad es la experiencia espiritual de vivir cada minuto con amor, gracia y gratitud.

Denis Waitley

La felicidad no es más que una buena salud y una mala memoria.

Albert Schweitzer

No existe mayor dolor que recordar la felicidad en momentos de tristeza.

Dante

La felicidad se logra a través de la virtud; es un bien que se obtiene por la voluntad del hombre.

Tomás de Aquino

El punto principal de la felicidad es que el hombre esté dispuesto a ser lo que es.

Erasmo

La felicidad es consecuencia de la función, el propósito y el conflicto; aquellos que buscan la felicidad por sí misma quieren la victoria sin guerra.

William S. Burroughs

El hombre más rico es aquel cuyos placeres son los más económicos.

Henry David Thoreau

La felicidad de una madre es como un faro que ilumina el futuro, pero también refleja el pasado disfrazado de recuerdos agradables.

Honoré de Balzac

La felicidad es breve. No permanece. Dios arremete contra sus velas.

Eurípides

La felicidad de la vida está hecha de instantes: los pequeños y pronto olvidados regalos de un beso o una sonrisa, de una mirada cordial o de un cumplido sincero.

Samuel Taylor Coleridge

Si quieres ser feliz, vive en el presente.

La envidia siempre es más larga que la felicidad de aquellos a los que envidiamos.

Heráclito

Cuando un hombre ha perdido toda la felicidad, ya no está vivo. Es un cadáver que respira.

Sófocles

La felicidad siempre depende de la sabiduría.

La felicidad es una virtud, no su recompensa.

Baruch Spinoza

La felicidad de la abeja y del delfín es existir; la del hombre es saberlo y que eso lo maraville.

Jacques Cousteau

294

Cuéntale a alguien que estás contento, aunque sea a ti mismo.

Saber qué es posible es el comienzo de la felicidad.

George Santayana

Existen muchas clases de belleza, así como hay formas usuales de buscar la felicidad.

Charles Baudelaire

La felicidad nunca se toma el pulso.

Adam Smith

Algunos van en busca de la felicidad, otros la crean.

George Sand

No esperes a que los demás se sientan felices por ti. La felicidad que consigas celébrala tú.

Alice Walker

La felicidad es el único bien. El momento de ser feliz es ahora; el lugar para ser feliz es aquí; la manera de ser feliz es hacer felices a los demás.

Robert Green Ingersoll

La búsqueda de la felicidad es una de las principales fuentes de infelicidad.

Eric Hoffer

La sonrisa de un niño, un cálido día de verano, esos son los regalos que nos hacen más felices.

La alegría, más que la felicidad, es la meta de la vida, porque la alegría es la emoción que acompaña nuestros logros, nuestra naturaleza como seres humanos. Se basa en la experiencia de la identidad de uno como ser de valor y dignidad.

No es verdad que el sufrimiento ennoblece el carácter; la felicidad lo hace en ocasiones, pero el sufrimiento, en gran medida, vuelve a los hombres mezquinos y rencorosos.

W. Somerset Maugham

No hables de tu felicidad a aquel que es menos afortunado que tú.

Plutarco

La felicidad es cómo, no qué; un talento, no un objeto.

Hermann Hesse

La felicidad es una elección que a veces requiere esfuerzo.

Esquilo

La mayor parte de la felicidad o de la tristeza depende de nuestra disposición y no de las circunstancias.

Martha Washington

La felicidad es como una mariposa que, cuando la persigues, siempre está lejos de tu alcance; pero si te sientas en silencio, quizá se posa en ti.

La felicidad es algo que se practica, como el violín.

John Lubbock

El hombre está tan triste como cree estarlo.

Séneca

Todos persiguen a la felicidad, sin darse cuenta de que la felicidad está pisándoles los talones.

Bertolt Brecht

Saltar de gusto es un buen ejercicio.

La felicidad es el modo más ordinario y cotidiano de la conciencia de estar ocupado, alegre y despreocupado con uno mismo.

Iris Murdoch

Procura ser feliz, pero no te esfuerces demasiado.

Cuando sus propiedades y su honor están intactos, la mayoría de los hombres vive satisfecha.

Nicolás Maquiavelo

La felicidad siempre parece pequeña cuando la tienes en las manos; pero cuando se va, de inmediato descubres lo grande y valiosa que era.

Máximo Gorki

La felicidad de la gota es morir en el río.

Al-Ghazali

Los tres grandes básicos de la felicidad en esta vida son: algo que hacer, algo que amar y algo que anhelar.

Joseph Addison

Junta las migas de la felicidad y tendrás una hogaza de alegría.

¿Qué es la felicidad salvo la simple armonía entre un hombre y la vida que lleva?

Albert Camus

Actuamos como si el lujo y el confort fueran las principales necesidades de la vida, cuando lo único que necesitamos para ser realmente felices es algo que nos cause entusiasmo.

Charles Kingsley

Cuenta tus bendiciones, no tus desgracias; así, serás feliz.

Ni siquiera las vidas felices podrían existir con un poco de oscuridad, y la palabra "feliz" perdería su significado si no encontrara equilibrio en la tristeza.

Carl Jung

Que los jóvenes son felices es una ilusión, una ilusión de aquellos que ya perdieron la juventud.

W. Somerset Maugham

La búsqueda de la felicidad es la frase más ridícula; si la buscas, jamás la encontrarás.

C. P. Snow

El mejor remedio para aquellos que tienen miedo, están solos o tristes, es salir a la calle, ir a un sitio donde puedan estar tranquilos, solos con el cielo, la naturaleza y Dios. Comprende que el derecho a elegir tu camino es un privilegio sagrado. Úsalo. Piérdete en la posibilidad.

Oprah Winfrey

Porque sólo entonces sentimos que todo es como debería y que Dios desea ver a la gente feliz, entre la belleza simple de la naturaleza.

Ana Frank

Existe una sola felicidad en la vida, amar y ser amado.

George Sand

Puedes sonreír porque estás feliz,
o sonreír puede hacerte feliz.

Lo que llamamos felicidad en el estricto sentido proviene de la satisfacción (de preferencia repentina) de las necesidades que se han elevado a un nivel alto.

Sigmund Freud

Nombra tus bendiciones,
una por una, todos los días.

Las acciones son correctas en la medida en la que producen felicidad; son equivocadas en la medida en la que causan lo opuesto a la felicidad. Felicidad significa gusto y ausencia de dolor.

John Stuart Mill

¿Qué es felicidad? La sensación de que aumenta el poder, de que se supera la resistencia.

Federico Nietzsche

La alegría del alma está en hacer.

Percy Bysshe Shelley

La felicidad suele colarse por una puerta que no sabías que habías dejado abierta.

John Barrymore

Nuestra búsqueda

El camino a la felicidad está en los viajes, a veces en sentido literal, pero casi siempre se trata de un viaje espiritual. ¿Qué buscamos y cómo lo conseguimos?

Los viajes nos enseñan a ver.

Proverbio africano

Ninguna persona puede realizar grandes cambios, pero mucha gente hace cambios pequeños.

Puedes andar por un sendero muy transitado por la vida, o abandonarlo. Si haces esto último, corres el riesgo de perderte, pero puedes estar seguro de que será una aventura.

Procura enfocarte en el presente, de lo contrario te perderás de las cosas buenas, ¡del aquí y el ahora!

No tienes que ir a ningún lado para llegar a algún lado.

Un verdadero amigo se ríe de tus chistes aunque no sean muy buenos, y comprende tus problemas aunque no sean muy graves.

Todos los caminos tienen su charco.

El corazón que ama de verdad nunca olvida.

No esperes que la gente sea como tú quieres, mejor procura verlos como son y respetar su originalidad.

No siempre corras de un lugar a otro; a veces, sólo corre.

Disfruta tu compañía, así nunca te sentirás solo.

328

Presta mucha más atención a lo que te rodea, a lo que ves, lo que escuchas, lo que tocas, lo que pruebas.

El que no arriesga, no gana.

Instaura el día de la bondad. Un día a la semana procura hacer cuando menos cinco acciones buenas a personas diferentes.

Tenemos ojos para ver la belleza de todo lo que nos rodea… oídos para escuchar la música de la naturaleza… y pies para sentir cómo crece el césped…

Concéntrate en tu respiración. ¿Es ligera, poco profunda? ¿Es rápida, lenta? ¿Es diferente cuando bajas el ritmo y haces las cosas con calma?

Los viajes son la parte frívola de una vida seria, y la parte seria de una vida frívola.

La bondad te hace bien.

Siempre está al pendiente de tus hijos, necesitan tu atención, no importa su edad.

Nunca creas que ya dejaste de aprender.

El arrepentimiento y el resentimiento son una carga pesada. Deshazte de ellos y avanzarás más aprisa.

Juega, haz tonterías; ¡los niños no son los únicos que juegan!

Ser amable con la gente que no conoces crea una sensación de confianza y seguridad en la comunidad.

Dedícales tiempo a tus seres queridos, estar juntos estrecha los lazos de amor.

Se ha demostrado que los lazos personales íntimos producen beneficios en la salud, ya que retrasan la decadencia mental, aumentan la inmunidad a las enfermedades y reducen el riesgo de sufrir enfermedades coronarias.

Regálate una cantidad fija de tiempo para sumirte en la tristeza, y después ¡no más!

Ponles límites a tus hijos, pero también escúchalos. Eso es amor incondicional combinado con reglas claras.

Conoce y haz que te conozcan.

Si llega una persona nueva a tu área, recíbela y hazla sentir bienvenida. Podrías hacer un nuevo amigo…

No des por hecho a tus relaciones; hay que cuidarlas, como a un jardín de flores.

Las emociones positivas nos alimentan.

Sé frívolo de vez en cuando.
¡Es esencial!

Descubre qué te hace sentir vivo, y qué le da más alegría a tu vida.

Si te sientes bloqueado y frustrado, escribe los problemas que te angustian. Así, podrás aclarar tu mente y seguir adelante.

La espiritualidad tiene tres etapas: descubrimiento, práctica y lucha.

¿Qué es sagrado en tu vida? Lo que sea, procúralo…

Si te sientes deprimido, sé honesto contigo y analiza por qué; después, sigue adelante.

El que arriesga, gana.

El camino a la felicidad es un peregrinaje que todos debemos hacer.

Cuando puedas admirar, y no desear, entonces habrás encontrado el sendero a la felicidad.

Analiza los árboles, la textura de la corteza; el sonido de las hojas y cómo se mecen con el viento; los pájaros en las ramas, los inscctos dando vueltas, el S ol a través del follaje.

Detente a ayudar a los demás
a lo largo de tu camino.

**Ve hacia delante,
hacia los lados,
hacia arriba,
pero nunca
hacia atrás.**

Viajar aleja las preocupaciones de tu mente, si tienes suerte; pero, a veces, el paraíso se encuentra justo donde estás.

La vida no es una carrera, y el vencedor no siempre es el que llega primero a la meta.

A veces, debemos aceptar que estamos tristes o que necesitamos ayuda. Si el orgullo nos impide pedir, podríamos quedarnos muy solos.

Observa tus pensamientos y sentimientos, pero no te quedes atorado preocupándote por ellos.

Levanta la vista al cielo, mira las nubes o las estrellas. Siente el aire, el sol o el viento en tu cara…

Reconoce los momentos en los que estás triste o decepcionado, no quieras ignorarlos. Haz lo mismo con los demás, sobre todo con los niños.

La felicidad no es nada más tú, también se trata de compartir con los demás.

Realizar varias acciones buenas en un día es mejor que simplemente tratar de ser una buena persona en general. La variedad y la espontaneidad son la clave.

Mientras caminas, fíjate cómo tocan el suelo las plantas de tus pies. Si tu mente comienza a divagar, regrésala a esta sencilla actividad.

La felicidad es un talento que podemos aprender.

No permitas que las montañas que te rodean te hagan sombra. Mejor, disfruta el tranquilo valle en el que te encuentras.

No temas ser firme. La gente tolera el conflicto si saben que puede resolverse tranquilamente.

El camino a la felicidad es sencillo, sé amable con los demás, relájate y agradece lo que tienes.

La "euforia del ayudante" es la descarga de felicidad que sientes cuando haces cosas buenas por los demás.

El amor es esencial para el desarrollo del cerebro en los primeros años de vida.

Viaja ligero, no cargues el peso del mundo en los hombros.

El eterno misterio

Una alegre mirada a algunas de las preguntas que nos hacemos, y las respuestas que encontramos, en nuestra lucha por resolver el eterno misterio de cómo ser felices.

Una persona es feliz sólo a costa de un poco de ignorancia.

Atesora todos los momentos felices, son un buen colchón para la vejez.

¿Una vida eterna de felicidad? Ningún hombre la soportaría, sería como el infierno en la tierra.

George Bernard Shaw

El recuerdo de la felicidad nos pone tristes.

Felicidad es tener una familia grande, amorosa y unida... en otra ciudad.

George Burns

La felicidad se rompe con la misma facilidad que un vaso.

Quien haya dicho que el dinero no compra la felicidad, ¡no sabía dónde comprar!

Si dejáramos de intentar ser felices, la pasaríamos muy bien.

Edith Wharton

No desperdicies lágrimas frescas en viejas penas.

A nadie le importa si estás triste, así que mejor ponte contento.

Cynthia Nelms

La felicidad comienza donde la ambición termina.

¡He tenido una vida maravillosa!
Ojalá me hubiera dado cuenta antes.

Colette

Nunca es demasiado tarde para tener una infancia feliz.

Berkeley Breathed

La felicidad limpia completamente el corazón.

De todas las cosas que viste, la expresión de tu rostro es la más importante.

Janet Lane

Una persona verdaderamente feliz es aquella que disfruta el paisaje cuando se desvía.

La felicidad contenida es la semilla;
la felicidad compartida es la flor.

La mejor vitamina para ser una persona feliz es SER1.

El secreto de la felicidad está en encontrar una agradable monotonía.

V. S. Pritchett

La verdadera euforia es cuando sientes que puedes tocar una estrella sin pararte de puntitas.

Doug Larson

La alegría es lo que engrasa los ejes del mundo. ¡No vayas por la vida rechinando!

H. W. Byles

La felicidad no es un caballo, no puedes amarrarla.

Lo que busco es una bendición que no esté disfrazada.

Kitty O'Neill Collins

Felicidad es el sentimiento que sientes cuando quieres seguir sintiéndola.

Pregúntate si eres feliz y deja de serlo.

John Stuart Mill

El que viaja sabe mucho.

Proverbio persa

Algunas personas causan felicidad adonde van; otras, cuando se van.

Oscar Wilde

La vida es para gastarla, no para ahorrarla.

D. H. Lawrence

La felicidad no da, sólo presta.

Uno está feliz o triste, la alegría es una pocilga tibia para los que comen y los que duermen.

Eugene O'Neill

La felicidad reside en el corazón secreto de un amante.

Es curioso cómo los hombres desprecian las alegrías que se les ofrecen gratuitamente.

George Duhamel

La felicidad es un lugar entre demasiado y muy poco.

El paraíso es esa casa antigua en la que vivimos todos los días, sin conocer nuestra morada hasta que nos alejamos de ella.

Emily Dickinson

La felicidad es la flor natural del deber.

Philip Brooks

Ser estúpido, egoísta y tener buena salud son los tres requisitos de la felicidad, aunque sin estupidez todo lo demás está perdido.

Gustave Flaubert

Por cada minuto que estás enojado,
pierdes sesenta segundos de felicidad.

Sin lluvia no habría arcoíris.

Felicidad, una sensación agradable que surge al contemplar la tristeza de los demás.

Ambrose Bierce

La alegría es la flor misma de la salud.

La felicidad está donde tú no.

El mundo está lleno de gente que busca la felicidad, sin saber que la alegría es un sitio que ya conocen.

El que siembra un jardín siembra felicidad.

La felicidad pocas veces se lleva bien con un estómago vacío.

Donde hay risas, hay felicidad.

Asadura de cordero con especias y avena y un perro fiel, es todo lo que el hombre necesita para ser feliz.

Proverbio escocés

El amor es el estado en el que la felicidad del otro es esencial para la tuya.

Robert Heinlein

La obediencia es la madre de la felicidad.

La felicidad es un campo que puedes cosechar cada estación.

Cuando perseguimos a la felicidad, escapamos de la alegría.

No te preocupes, sé feliz.

Bobby McFerrin

Aquel que limpia cada mota de polvo, también se lleva la felicidad.

La felicidad crece de la pequeña semilla de la alegría.

Si nuestros deseos se hicieran realidad, lo lamentaríamos con frecuencia. ¡Así que ten cuidado con lo que deseas!

No hagas lo que quieras, quiere lo que haces.

Pero permitan que existan espacios en su unión y dejen que el viento de los cielos dance entre ustedes. Ámense, pero no creen un lazo de amor, mejor permitan que sea un mar en movimiento entre las playas de sus almas.

Khalil Gibrán

Todos sonreímos en el mismo idioma.

Si quieres ser como otra persona, desperdicias a la que eres.

Cuando describas una forma, un sonido o un color, no lo definas con claridad, mejor déjalo entrever y aprende a mirar las cosas con cierto estrabismo mental.

Lewis Carroll